AF259570

L41
6
578

Lb 41
578

JUSTICE , HUMANITÉ.

Les Femmes absentes, et les Enfans,
appellans de la Convention natio-
nale à elle-même.

PÉTITION.

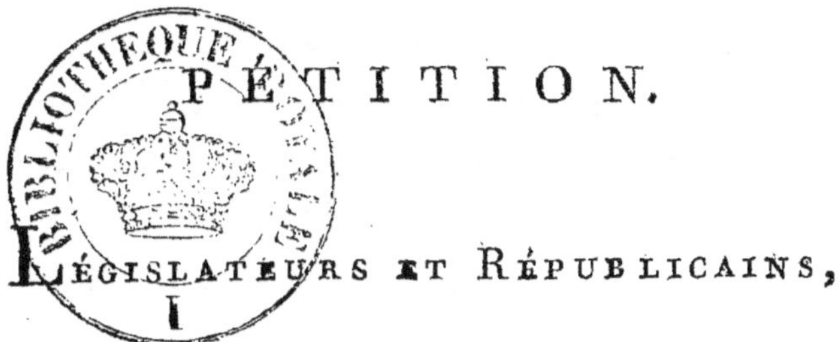

LÉGISLATEURS ET RÉPUBLICAINS,

Mon amour pour ma patrie, le soin
de votre propre gloire m'appellent aujourd'hui devant vous.

J'y parlerai le langage sévère d'un ré-
publicain, je dirai la vérité toute nue;
vous n'êtes pas rois pour qu'on vous la
déguise.

Proclamateurs des droits de la justice
et de l'humanité, je viens vous dire que
ces droits imprescriptibles et sacrés sont
méconnus dans la loi qui va paroître sur
les émigrés.

Je viens vous garantir de l'opprobre
qui, aux yeux des nations et de la pos-

A

térité , obscurcira l'éclat de vos premiers
travaux.

De bonnes loix , sur-tout de bonnes
loix pénales, sont le résultat de longues
et profondes méditations.

Si le législateur ne les a pas mûries au
sein de l'indépendance et du calme, à
coup sûr les loix qu'il fera seront toujours
incomplettes et défectueuses. Un législateur est presque pour moi comme l'être
suprême, qui, placé au-dessus de l'im-
mensité des mondes, règle et décrit l'harmonie de l'univers.

Républicains, je pourrois m'arrêter là
et vous dire : « osez relire votre loi sur
les émigrés ». Je ne voudrois que votre
réflexion et votre conscience pour vous
convaincre que les principes d'où devoit
dériver cette loi vous ont presque toujours échappé dans la discussion.

Ces principes, les voici :

1º. L'homme peut, quand il lui plaît,
abandonner l'association dont il est membre.

2º. S'il l'abandonne dans des momens
de péril, l'association qui comptoit sur
ses bras peut lui demander une indemnité.

3°. S'il l'abandonne pour conspirer contr'elle, c'est un monstre qu'il faut punir.

Ainsi, l'émigration a eu lieu dans un temps de calme, ou dans un temps de danger.

Dans un temps de calme, elle étoit libre ; des visirs seuls et des pachas réclament quand leurs eunuques désertent leurs harems ; mais chez un peuple libre, et indépendant, les hommes ne sont pas la propriété des hommes.

Ainsi législateurs, toute émigration faite avant l'époque où vous avez proclamé les dangers de la patrie, étoit dans l'homme qui s'émigroit un acte imprescriptible de sa puissance, acte que la nature, la raison et les loix lui garantissent. Punir cette émigration est d'une barbarie qui n'appartient qu'à des sauvages. Cette assertion, républicains, peut vous déplaire, mais elle est rigoureusement juste, et je la soutiendrois à la face de l'univers.

A la vérité l'homme qui émigre quand son pays est en danger lui doit une indemnité ; mais ce principe n'est pas destructif, il est purement limitatif du principe antérieur et sacré, qui permet à tout homme d'aller où il veut.

Cette indemnité d'ailleurs ne peut jamais être réputée pour une peine, car pour infliger une peine il faut un délit, et il n'y a point de délit quand l'homme ne fait qu'user d'un droit qui tient à sa qualité d'homme.

Cette indemnité enfin n'est due, que pour les émigrations postérieures à la proclamation du danger ; et encore n'est-elle due que par l'homme qui pourroit utilement servir sa patrie dans le danger. Ainsi les enfans, les femmes, les malades, les vieillards impotens ou caducs, ne peuvent être atteints par l'indemnité, car jamais la patrie n'a compté sur cette classe indigente et débile pour se défendre.

Or une indemnité n'est pas une confiscation.

La confiscation, fille de la féodalité, ne peut figurer que dans le code des pirates ; elle étoit la honte de notre ancienne jurisprudence criminelle, elle a disparu avec elle. Nos descendans pourront-ils jamais croire que cette peine

odieuse a reparu en France avec la république !

Eh ! vous l'avez bien senti vous-mêmes,
qu'il n'étoit dû qu'une indemnité à la
patrie en danger, quand ses enfans l'aban-
donnent ! lisez, législateurs, la loi du
8 avril dernier. Elle sera terrible un jour
contre vous, cette loi qui, à travers les
erreurs dont elle est viciée, contient cependant l'apperçu des principes qui de-
voient vous diriger dans le complément
du code des émigrés : lisez, et craignez
que la postérité indignée ne vous oppose
un jour votre ouvrage.

L'article premier de cette loi porte :
« que les biens des François émigrés,
» et leurs revenus, sont affectés à l'in-
» demnité due à la nation ».

L'article 27 est bien plus positif :
« ceux des émigrés qui ne rentreront pas
» dans le délai d'un mois, ne pourront
» obtenir la jouissance de leurs biens,
» qu'après que l'indemnité aura été ré-
» partie et payée ».

Il restoit donc aux émigrés qui résis-
toient au cri de leur patrie menacée, il
leur restoit donc l'espoir de rentrer dans

leurs biens. A quelle époque encore leur donnoit-on cette espérance? C'étoit lorsque Louis XVI, nos généraux, les despotes de l'Europe, et leurs nombreux satellites, conjuroient contre la liberté; certes, alors les dangers de l'empire étoient à leur comble; certes, si des mesures barbares que la justice et l'humanité répoussent pouvoient jamais être permises, c'étoit bien lorsque la France entière marchoit sous des volcans : cependant, pressée par la force irrésistible des principes, l'assemblée nationale n'osa décréter qu'une indemnité. Et vous, législateurs, c'est lorsque nos armées triomphantes ont dissipé la ligue des conspirateurs et des despotes, que vous prononcez sans exception, et sans distinction, des confiscations, des bannissemens, la peine de mort! est-ce là le procédé d'un peuple généreux et bon?

Ah! sans doute, périssent ces enfans ingrats, périssent les lâches conjurés qui ont soulevé les tyrans contre leur patrie, pour la réduire en cendre! loin de moi l'idée de jamais les justifier! oui sans doute, il faut étouffer le monstre dont le cœur ne tressaillit pas au nom sacré de

la patrie : l'amour de la patrie est la première de toutes les vertus, ou plutôt elle
les renferme toutes.

Mais le crime d'un conspirateur ne peut
être, comme tous les délits, qu'un fait
personnel ; il n'appartient qu'à une association d'antropophages d'égorger l'é-
pouse pour le crime de son époux, les
enfans pour le crime de leur père.

Long-temps avant toutes les lois sur
l'émigration, il existoit une loi plus sa-
crée, une loi impérissable comme la nature dont elle émane, je veux dire l'autorité paternelle et maritale. Quoi ! d'infortunés adolescens, qui dès l'enfance
ont appris à respecter cette autorité, qui
n'ont d'existence et d'appui que dans
leur père, qui n'avoient ni assez d'âge,
ni assez d'expérience pour pénétrer les
projets conspirateurs qu'ils méditoient, qui
ont suivi leur père comme d'innocentes
victimes que l'on traîne à l'autel, vous
les repoussez du sein de leur patrie ! vous
les vouez à la mort ! vous voulez que pros-
crits, errans, dévorés d'opprobres et de
misères, ils proclament à tous les peuples dont vous allez briser les fers, votre

injustice, et votre barbarie ! Ces êtres malheureux que vous sacrifiez impitoyablement, soulèveront par leur seule présence l'indignation et l'horreur publique contre vos principes ! ils serviront la cause des despotes et des tyrans bien mieux que les armées qui nous restent à combattre ; ils diront aux nations qui vous ouvriront leurs bras : « gardez-vous de vous » unir à ce peuple sanguinaire et féroce, » qui n'a de l'humanité que le langage ; » ce peuple nous a dépouillés de notre » patrimoine, il nous a chassés de notre » patrie, parce que foibles enfans, sans » appui, et sans expérience, nous avons » suivi notre père : Voilà le peuple dont » on vante tant la générosité, la justice et » les mœurs » !

Songez-y, législateurs, vous ne rendrez la liberté au monde qu'en prêchant et en observant la doctrine de la justice et de l'humanité. Rome n'a long-tems dominé l'univers que par ses vertus ; Sparte n'a long-temps dominé le plus parfait et le plus sublime des peuples que par l'austérité de ses mœurs et l'inflexibilité de ses principes : hâtez-vous de rappeler dans votre sein des êtres qui, tant qu'ils existeront, seront la satire vivante de votre constitution et de vos lois.

Mais, dit-on, les enfans de quatorze ans sont exceptés de la loi : cette exception n'est-elle pas plutôt une dérision, une véritable insulte aux malheureux dont j'entreprends la défense ! Vous les appelez, mais vous gardez leur patrimoine ; vous les appelez, mais c'est pour les livrer à toutes les horreurs de l'indigence, et du mépris. Ah ! qu'ils restent plutôt chez les nations étrangères ! il vaut mieux qu'ils traînent leur misère chez des peuples inconnus qu'au sein de leur famille, et dans des lieux témoins de leur première aisance ; au moins leur existence sera moins humiliante et moins affreuse.

Vous exceptez les enfans de quatorze ans ! mais pourquoi proscrire ceux de quinze ? pourquoi proscrire tous ceux qui n'ont pas porté les armes contre leur patrie ? Direz-vous que pour n'être pas rentrés au moment où les dangers de la patrie ont été proclamés, on doit les présumer conspirateurs ? Grands dieux ! suis-je donc le citoyen d'une république philosophe ou libre ? Et depuis quand la loi frappe-t-elle sur de simples présomptions ? Est-ce bien au sein de la convention nationale que l'on profère cette effroyable doctrine ? Privés en France de leur fortune, puisqu'elle étoit sequestrée ; que dis-je privés ! disons plutôt, dénués de toute fortune, puisqu'ils étoient et sont encore sous la puissance paternelle, n'ayant pour s'alimenter que les foibles ressources de leur père, pouvoient-ils venir en France pour y périr de misère et d'opprobre ! —

Et les femmes, ce sexe si intéressant par sa foiblesse et par ses charmes, a-t-on même daigné s'occuper de leur sort ? les femmes que leur débilité seule, et leur impuissance, ont dans tous les tems réduites à une nullité politique, parce qu'elles sont absentes, les croirez-vous des conspiratrices ? la révolution vous a-t-elle jusqu'à ce jour donné une seule fois l'exemple d'une femme prise les armes à la main ? Sans doute parmi elles, et parmi les enfans, il peut s'en trouver qui aient trempé dans quelques conspirations : législateurs ! à leur égard soyez inexorables, j'appelle le premier sur leur tête toute la sévérité des loix ; mais si les femmes, comme leurs enfans, ont, en s'expatriant, cédé à l'autorité maritale, que la nature et la loi leurs enjoignoient de respecter ; si, comme leurs enfans, elles ignoroient les projets liberticides de leurs époux ; ou bien si, confidentes impuissantes de leurs crimes, elles n'ont pu que gémir sur leurs égaremens ; si, entraînées par la timidité inséparable de leur sexe, dénoncées par la malveillance et l'animosité, dont malheureusement les excès ont souillé quelques pages de la plus belle révolution, elles ont cherché leur tranquillité et leur salut dans la fuite, oserez-vous les en punir ! Il faut du sang pour cimenter la liberté, quand elle est fondée sur les débris de l'esclavage : cette cruelle vérité a pour garant l'histoire de tous les siècles. Eh bien ! si tous les jours nous voyons des hommes, des philosophes amis de la liberté, frémir à l'aspect du sang, pourquoi sacrifier une femme qui s'éloigne de scènes sanglantes dont vous vous n'auriez pas eu vous-mêmes le courage d'être les témoins ? combien de fois, dans le cours des grandes crises qui ont amené la chute du trône, des brigands ont porté l'incendie et le carnage au sein de familles innocentes? Et vous ne pardonnerez pas à leurs restes infortunés d'avoir échappé au couteau! vous vouliez donc qu'ils se laissassent égorger comme des victimes? Législateurs, repousser au lieu d'accueillir le malheureux qui vient de se soustraire à l'assassinat, c'est se déclarer l'apologiste et le complice de son assassin. — Craignez que ce malheureux ne crie à tout l'univers : « Poursuivi par des scélérats, j'ai eu le » bonheur de me dérober à leurs coups ; » mais la loi de mon pays, plus barbare » que mes meurtriers, a froidement con- » sommé leur ouvrage ».

Législateurs ! il est une femme dont les intérêts me sont confiés : je me permettrai de vous citer son exemple pour vous convaincre combien est inconsidérée et barbare la loi contre laquelle je réclame. « En 1789, dans un temps où la révolution à peine commençoit à naître, où il n'étoit question ni de coalitions étrangères, ni de guerre , ni d'émigration , cette femme suivit à Nice (1) sa belle-mère , attaquée de la poitrine dès 1788. Elle suivit sa belle-mère , parce qu'elle étoit son unique et sa plus chère consolation. — Elle eut la douleur de la perdre dans l'été de 1790 : son beau-père accourt , mais c'est pour recevoir le dernier soupir de son épouse.

Frappé d'un si terrible coup , il est lui même attaqué d'apoplexie et de paralysie. Voilà encore pour sa belle-fille dont il étoit tendrement aimé , de nouveaux devoirs pénibles à remplir : malgré ses soins et ses secours , elle ne peut le dérober à la mort. Foible , et d'une complexion très-délicate , il lui fut impossible de résister elle-même à tant d'assauts : sa santé se dérange , elle est attaquée d'une maladie chronique. Les médecins lui conseillent de quitter l'air de la mer pour respirer celui des montagnes ; elle sort de Nice vers le mois de septembre de 1790 , pour se rendre à Genève , par la Savoie.

---

(1) Ce fait , et ceux qui suivent , sont prouvés

La mère, qui n'avoit jamais quitté la France, couroit à Genève au-devant de sa fille unique, pour la ramener dans son pays ; mais celle-ci, arrivée à Chambéry, ne peut plus supporter la voiture ; c'est de là qu'elle invite sa mère à se rendre auprès d'elle, pour lui porter des consolations et des secours.

Au prinptemps de 1791 on la détermine à se rendre avec sa mère à Genève, pour y consulter les médecins de cette ville, et y jouir de l'air salubre de cette belle contrée ; mais à Genève sa maladie s'aggrave au point que, pendant les six derniers mois de 1791, et les premiers mois de 1792, on désesperoit à chaque instant de ses jours. Ce laps de tems ne fut pour elle qu'une longue et douloureuse agonie : alors une hydropisie se déclare, et vient combler la mesure des maux dont elle est la proie ; alors il lui faut endu-

---

par un certificat du conseil de la ville de Nice, et par une multitude d'autres certificats. Nice fait aujourd'hui partie de l'empire françois, il est facile de s'assurer de l'authenticité de ces preuves.

rer l'opération de la ponction (1) ; alors aussi, arrive la loi du 8 avril, qui accorde un mois aux français absens pour rentrer dans leur pays. Cette femme ne pouvoit, sans compromettre son existence, s'éloigner des chirurgiens et des médecins qui avoient entrepris sa guérison, mais elle vouloit cependant obéir à la loi qui lui accordoit un mois pour rentrer en France ; elle prit avec sa mère, par bail passé devant les notaires de Gex, le 28 avril 1792, une habitation à Châtelaine-sur-France, municipalité de Verny. Le 15 mai suivant, cette municipalité leur délivra un certificat de résidence (2), qui constate qu'elles habitent Châtelaine depuis le 26 avril. Elles comptoient toutes deux, se rendre incessamment de Châtelaine à Paris, leur domicile ordinaire ; mais les forces de la malade s'y refusèrent, et les médecins, du nombre desquels est le célèbre Tissot, pré-

---

(1) L'état périlleux et alarmant de sa santé, outre une multitude de certificats authentiques, est constaté par des bulletins successifs envoyés à Paris dans un tems où ils ne pouvoient être suspects.

tendant que les eaux de Sfeffen, en Suisse, étoient les seules qui pourroient détruire la cause de la maladie, il fallut encore, à la fin de juin 1792, quitter Châtelaine.

Elles revinrent des eaux au mois de septembre pour se rendre à Châtelaine, et s'y fixer à la proximité du médecin Tissot, dans les mains duquel reposoit l'existence de la malade ; mais, arrivées à Lausanne, il est impossible à la malade de continuer sa route. La mère, forcée d'obéir à la loi pour se rendre en France, laisse sa malheureuse fille à Lausanne dans les bras de la mort : on peut juger combien cette séparation fut douloureuse pour la mère, et funeste à la fille, que son état retient encore aujourd'hui à Lausane.

Telle étoit la situation de ces deux femmes, lorsque vous décrétâtes le bannissement de toutes les personnes qui ne justifieroient pas d'une résidence sans interruption en France depuis le 9 mai dernier:

---

(2) Toutes ces pièces existent, elles sont entre les mains du comité.

elles ne se sont momentanément éloignées
de leur patrie que pour remplir les devoirs
sacrés de la nature et de la piété filiale ;
aussi-tôt qu'elles ont connu la loi, elles
s'y sont soumises ; l'une d'elles l'a même
fait au péril de sa vie : et quand un médecin célèbre dit à la mère : « vous ne sau-
» verez votre fille qu'en la conduisant aux
» eaux de Sfeffen», elles s'y rendent avec
d'autant plus de confiance que Sfeffen
est un pays ami de la France ; elles y sé-
journent à peine six semaines, et vous les
dépouillez de leurs biens ! vous les ban-
nissez sous peine de mort ! Ah ! législateurs,
descendez au fond de vos cœurs, osez
dire ensuite que votre loi n'est pas barbare !
Je ne vous cite ici qu'un seul exemple ; il
existe cependant des milliers d'infortunés
que vous sacrifiez, et dont la position est
peut-être aussi intéressante.

Dira-t-on qu'avec des certificats payés ou
falsifiés, les coupables peuvent échapper
à la rigueur d'une loi juste à leur égard? Et
depuis quand, pour punir quelques coupables de plus, faut-il égorger des milliers
d'innocens ? Amis de la justice et de la mo-

rale , avez-vous oublié cette doctrine cé-
leste, qui veut « que cent coupables échap-
pent plutôt qu'un innocent périsse ».

Législateurs, j'interpelle ici votre pro-
bité? Est-il vrai qu'il a pu se trouver des
François absens qui, par maladie ou autrement, étoient dans l'impossibilité phy-
sique d'obéir à la loi du 8 avril? Oui. Avez-
vous prévu ce cas possible! Non. Eh bien,
sous peine d'injustice, vous devez le prévoir, vous devez également prévoir tous
ceux que je vous indique.

Objectera-t-on encore que multiplier
les exceptions, c'est multiplier les échap-
patoires, et conséquemment rendre nul
le nouveau gage acquis à la dette nationale , par la confiscation du bien des
émigrés. Législateurs! quand vous avez
mis la dette nationale sous la sauve-garde
de la loyauté françoise, avez-vous dit
que pour garantir cette dette vous violeriez
les droits de la justice et de la propriété?
en confisquant indistinctement les pro-
priétés de tous les absens, n'auriez-vous
fait qu'une sordide spéculation de finances?
croyez-vous être l'organe d'un peuple

loyal et généreux, en vous emparant du patrimoine des orphelins pour grossir le trésor public ? Souvenez - vous, législateurs, de cette vérité forte proférée par l'un de vos collègues, dans un temps où l'assemblée constituante sembloit avoir conjuré la proscription des noirs.

« Périssent, disoit-il, périssent nos colonies, plutôt que de sacrifier un principe. Oui, périsse la fortune publique si vous ne pouvez la consolider que sur les débris de la morale et de la justice ! que dis-je ? ah ! calculez mieux les ressources d'un peuple régénéré qui habite le sol le plus favorisé par la nature. — Calculez mieux sur-tout le crédit d'un peuple qui adopte la justice et la morale pour base immuable de ses loix. « Peut-il être un crédit là où n'existe pas la justice ? eh ! sans crédit que deviennent toutes les fortunes publiques ! Justice toute entière, législateurs ! car transiger avec la justice, est la doctrine des tyrans, et vous les avez abattus. — L'un de vos collègues, célèbre par les services qu'il a rendus à la liberté, ne cessoit de répéter à l'assemblée cons-

tituante, dont il étoit membre : « morale
« et justice, et vous ferez de bonnes loix ».
Sans la justice, les associations politiques
ne sont qu'un troupeau de bêtes féroces.
— Sans la morale et sans la justice, point
d'égalité ni de liberté ; et dès-lors que
deviennent vos sermens ? La justice est
dans une constitution politique, comme
l'ordre et l'harmonie dans le sublime mé-
canisme des mondes. Si vous vous écartez
un seul instant de la justice, législateurs,
à coup sûr le code que vous nous pré-
parez sera celui de la tyrannie.

Pour votre propre gloire, pour le succès
de cette révolution sainte, n'aimez et ne
voyez que la justice ; autrement vous
rivez les fers de l'esclavage, et au lieu
d'être les libérateurs du monde, vous en
deviendriez les tyrans et l'opprobre.

Je demande, 1°. que toutes les loix sur
l'émigration soient revisées.

2°. Qu'elles conservent toute leur rigueur vis-à-vis de ceux qui seront avérés
conspirateurs et traîtres à leur patrie,
quelque soit leur sexe (1).

____

(1) Ainsi à l'égard des François pris les armes à la

3°. Que le sort de leurs enfans et de leurs femmes qui, quoiqu'absens, n'auront pas été leurs complices , soit fixé d'après les règles de la justice et de l'humanité (1).

4°. Que les François absens, ou qui ne sont pas rentrés en France depuis le 9 mai, quand ils ne seront prévenus d'aucun délit national, soient seulement tenus d'une indemnité pécuniaire, si la patrie en danger a pu et dû compter sur leurs forces physiques (2).

---

main, la loi, quoique sévère, est faite et doit être maintenue ; mais à l'égard des François prévenus de conspirations , il faut recourir aux formes judiciaires adoptées par l'institution des jurés.

(1) Ainsi point de bannissement , point de confiscation à leur égard.

(2) Ainsi les femmes malades, les enfans impubères , les vieillards, les impotens et les caducs, quoiqu'absens, ne doivent pas être tenus de l'indemnité plus que s'ils eussent été présens , car leur présence eût été inutile à leur patrie ; et pour subvenir aux besoins extraordinaires de l'état, ils ne peuvent être plus imposés que le reste des citoyens.

5°. Et enfin que l'application et la fixation de cette indemnité soient confiées à un jury qui jugera les absens prévenus de conspirations et de trahison, et qui admettra toutes les exceptions qu'il croira fondées sur la justice et l'humanité (1).

Signé DUCANCEL, citoyen françois, et défenseur officieux.

---

(1) Vouloir déterminer les exceptions, c'est vouloir l'impossible, car elles sont aussi incalculabes que le sont les différences dans les procès soumis aux tribunaux.

De l'imprimerie de CHAUDÉ, rue Pierre-Sarrazin, n. 7.

www.ingramcontent.com/pod-product-compliance
Lightning Source LLC
Chambersburg PA
CBHW051406050726
47595CB00006B/2728